Doreen Virtue
Karma Clearing

Doreen Virtue

KARMA CLEARING

[NIE MEHR MIESES KARMA]

Aus dem Amerikanischen übersetzt
von Thomas Görden

Allegria

Die Originalausgabe erschien 2004 unter dem Titel
KARMA RELEASING als Hörbuch im Verlag
Hay House, Inc., Carlsbad, CA, USA.

Allegria ist ein Verlag der Ullstein Buchverlage GmbH, Berlin.
Herausgeber: Michael Görden

ISBN 978-3-7934-2199-3

© der deutschen Ausgabe 2010 by Ullstein Buchverlage GmbH, Berlin
© der Originalausgabe 1999 by Doreen Virtue
Übersetzung: Thomas Görden
Umschlaggestaltung: FranklDesign, München
Titelabbildung: Hay House Inc.
Illustrationen Innenteil: Fotolia: styleuneed/feff15/
andreas/rosawolke/Alex Bramwell/Boris Woynowski/
Peter Sanne/kalafoto/XtravaganT/Goss Vitalij/Gail Johnson/
Satz: Keller & Keller GbR
Gesetzt aus der Baskerville
Druck und Bindearbeiten: GGP Media GmbH, Pößneck
Printed in Germany

INHALT

Einführung 7

ERSTES KAPITEL
Was ist Karma? 13

ZWEITES KAPITEL
Karma-Clearing-Meditation 33

DRITTES KAPITEL
Rückführung in frühere Leben 51

VIERTES KAPITEL
Wie die Engel Probleme aus früheren Leben
    heilen helfen 75

FÜNFTES KAPITEL
Rückführung mit den Engeln 97

Über Doreen Virtue und ihre Bücher 127
Die CD zu diesem Buch 133

EINFÜHRUNG

DIESES Buch entstand aus dem großen Interesse an der deutschen Fassung meiner CD »Rückführung mit den Engeln« und dem großen Erfolg des kleinen Buches »Chakra Clearing« mit seiner beigelegten CD. Viele Hörer der CD mit der Engel-Rückführung haben nach dem vollständigen Text der CD gefragt. Sie finden ihn in den letzten beiden Kapiteln dieses Buches.

Mit der Verbindung zu früheren Leben habe ich mich in zahlreichen meiner Bücher befasst. »Die Heilkraft der Engel«, »Medizin der Engel« und »Die neuen Engel der Erde« enthalten Kapitel zu diesem Thema.

Entscheidungen, Handlungen und Glaubenssätze aus der Vergangenheit können einen starken Einfluss auf unser gegenwärtiges Leben haben. In meinem Audioprogramm »Karma Clearing«, dessen Text Sie in den ersten beiden Kapiteln finden, erkläre ich, wie man diesen Einfluss auflösen und überwinden kann. Die Arbeit mit der beiliegenden CD kann Ihnen auch helfen, Traumata aus der Vergangenheit Ihres derzeitigen Lebens zu heilen.

In dieser deutschen Buchausgabe zur Karma-Arbeit sind die wichtigsten Texte und geführten Meditationen zusammengestellt, in denen ich mich mit vergangenen Leben befasse. Wie die Engel uns beim Auflösen unserer karmischen Bindungen helfen können, steht dabei im Mittelpunkt.

ERSTES KAPITEL

WAS IST KARMA?

Karma ist ein uraltes Glaubenssystem, wonach alles, was wir tun, die Ursache von Wirkungen ist, die wir später erfahren. Es ist ein Weg, das universelle Gesetz von Ursache und Wirkung zu betrachten, aber es ist nicht der einzige Weg. Das Gesetz von Ursache und Wirkung ist ein unabänderliches Gesetz, aber es besagt nicht, dass wir bestraft oder in unserer Entwicklung blockiert werden sollen. Im Gegenteil, das Gesetz von Ursache und Wirkung ist ein Gesetz der Liebe, das uns von unserer Vergangenheit befreien will.

Unsere Vorstellung von der Vergangenheit beruht auf der Idee der linearen Zeit. Wir wissen aber, dass die Zeit in Wahrheit simultan ist und nicht linear. Mit anderen Worten, alles, was Sie je erlebt haben und erleben werden, geschieht jetzt in diesem Augenblick. Das liegt daran, dass es keinen anderen Augenblick als das Jetzt gibt. Die Menschen auf der Erde haben den Glauben an Vergangenheit, Gegenwart und Zukunft erschaffen als eine Methode, die eigene Entwicklung und Leistung zu messen. Die spirituelle Wahrheit ist aber, dass wir alle bereits so perfekt und entwickelt sind, wie wir es uns je wünschen könnten. Wir sind bereits zu Hause, in jeder Hinsicht perfekt, denn wir leben in Vereinigung mit Gott. Der einzige Pfad, das einzige Ziel besteht in der Erkenntnis, dass wir bereits alles besitzen, was wir uns wünschen. Sobald wir das erkennen, werden wir es erleben.

Anders formuliert: Es gibt mehrere parallel existierende Realitäten. Stellen Sie sich vor, dass Sie mehrere Kinofilme als DVDs besitzen. Sie können jeden davon auf Ihrem DVD-Player oder Computer abspielen, ohne sich dafür eine Erlaubnis holen zu müssen. Sie selbst sind die Autorität, die entscheidet.

Einer der Filme ist ein echtes Meisterwerk, das Sie begeistert und inspiriert. Ein anderer Film ist billig und zweitklassig. Wieder ein anderer ist eine Verwechslungskomödie, in der die Hauptfiguren von einem Schlamassel in den nächsten geraten. Dann gibt es einen tragischen Film, angefüllt mit dramatischen Verwicklungen jeder Art. Alle diese Filme existieren gleichzeitig. Jeder kann hier und jetzt angeschaut und erlebt werden. Welchen Film wollen Sie abspielen und erleben? Das entscheiden Sie selbst, und zwar auf der Basis der von Ihnen gewählten Gedanken.

Wir alle müssen uns unbedingt darüber klarwerden, dass wir unsere Gedanken selbst wählen, und damit den Film oder das Leben, das wir erfahren. Wir alle haben die Freiheit, jede Art von Film zu wählen. Das Recht, einen schönen und harmonischen Film zu erleben, müssen Sie sich nicht erst verdienen. Ihnen gehört bereits dieser Klasse-Film, dieses großartige Leben! Legen Sie ihn in den Player ein und erleben Sie es jetzt!

Ein kraftvolles, friedliches und sinnvolles Leben ist Ihr Geburtsrecht. Zwar sind Schmerzen und Probleme ein Weg, spirituell zu wachsen, aber sie sind ganz sicher nicht der einzige Weg. Erleuchtung können Sie auch durch ein friedvolles Leben erlangen, denn Sie sind bereits jetzt erleuchtet. Wenn Sie Mangel, Einschränkung oder Schmerz erfahren, bedeutet das einfach, dass Sie Furchtgedanken gewählt haben. Manchmal sind wir uns dieser Gedanken gar nicht bewusst oder wir glauben, keine Kontrolle über unsere Gedanken zu haben, als würden die Gedanken *uns* wählen. Doch mit etwas Übung können Sie bewusst wahrnehmen, welche Gedanken Sie in jedem Moment denken. Immer wenn Sie Schmerz empfinden, wissen Sie, dass Sie einen Furchtgedanken genährt haben.

Auf Ihrem spirituellen Pfad werden Sie immer weniger bereit sein, Schmerz zu erdulden, bis Sie an einen Punkt kommen, wo Sie Schmerz überhaupt nicht mehr tolerieren. An diesem Punkt werden Sie Furchtgedanken überhaupt nicht mehr nähren und sofort erkennen, wenn Sie doch einmal versehentlich einen solchen Gedanken wählen.

Während der nachfolgenden Meditation, die Sie auch auf der beliegenden CD finden, werden Sie mit den Engeln arbeiten, um sich von Furchtgedanken und deren Auswirkungen zu befreien. Diese Methoden können Sie in jeder Situation anwenden. Die Engel sind immer bei Ihnen und bereit, Ihnen zu helfen. Denken Sie einfach: Engel, bitte helft mir! Dann werden sie sofort heilend eingreifen. Jeder liebevolle Gedanke und jeder Furchtgedanke hat Auswirkungen. Liebende Gedanken kommen aus Ihrem wahren Selbst. Furchtgedanken kommen aus dem falschen Selbst oder Ego. Wirkungen bleiben immer mit ihren Ursachen verbunden.

Wenn Sie einen Furchtgedanken wählen, bleibt er an Ihr Ego gebunden wie ein Heißluftballon. Deshalb bleiben schmerzhafte Erfahrungen an Sie gebunden, eine nach der anderen, in einem scheinbar endlosen Muster oder Kreislauf, solange Sie an der Ursache festhalten, den Angstgedanken des Ego. Wenn Sie aber die Ursache loslassen, fliegt die Wirkung mit ihr davon wie ein Ballon.

Jedes Mal wenn wir einen Furchtgedanken wählen, beruht dieser ganz einfach auf einem Denkfehler. Wir haben uns selbst oder andere nicht als das gesehen, was wir in Wahrheit sind: vollkommene, heile Kinder Gottes. Wenn Sie sich anderen über- oder unterlegen fühlen, befinden Sie sich im Irrtum. Wenn Sie Schmerz, Krankheit, Krieg oder Probleme sehen, ist das eine falsche Wahrnehmung, denn es handelt sich dabei um irreale, vorübergehende Manifestationen der Angst.

Nur die Wirkungen der göttlichen Liebe, einschließlich Ihrer eigenen liebevollen Gedanken, sind real und ewig.

Die wundervolle Quintessenz von alledem ist, dass Sie die Auswirkungen von falschem Denken auflösen können. Alle Angstgedanken, die Sie je hatten oder die andere Ihnen gegenüber hatten, können aufgelöst werden, und damit verschwinden auch ihre schmerzhaften Auswirkungen. In *Ein Kurs in Wundern* heißt es:

»Erkenne deinen Irrtum, dann werden alle Auswirkungen deines falschen Denkens verschwinden.«

Damit ist gemeint, dass wir die Zeit zum Kollabieren bringen können, indem wir unser Denken der Wahrheit zuwenden.

Die Grundwahrheit lautet, dass nichts Reales jemals gefährdet ist und nichts Unreales existiert. Darin liegt der Frieden Gottes. Damit weichen wir keineswegs der Verantwortung für unsere Handlungen aus, aber es ist etwas völlig anderes als die religiöse Vorstellung, für Sünden büßen zu müssen.

Karma aufzulösen bedeutet einfach, sich von falschen Vorstellungen zu lösen, die schmerzliche Wirkungen hervorrufen. Der richtige Umgang mit Fehlern besteht nicht darin, Sie zu bestrafen, sondern Sie zu korrigieren. Wir alle haben schon Fehler gemacht. Manche von uns haben Fehler gemacht, die wir für vollkommen unverzeihlich halten. Doch Gott schaut an diesen Fehlern vorbei und sieht stattdessen unsere Vollkommenheit.

Ob Sie nun an frühere Leben glauben oder nicht, Sie können auf jeden Fall etwas tun, um für die göttliche Führung in Ihrem *jetzigen* Leben offener zu werden. Wie schon gesagt, lässt die göttliche Führung sich ganz konkret und praktisch dafür nutzen, ein glücklicheres, harmonischeres Leben zu führen. Viele Menschen schotten sich jedoch unbewusst gegen die Botschaften ihrer göttlichen Führung ab. Oder sie hören diese Botschaften zwar, befolgen sie aber nicht. Die Folge sind unbeantwortete Gebete – nicht, weil Gott und die

Engel die Gebete ignorieren, sondern weil die göttliche Führung ungenutzt in einer Warteschleife schwebt: wie ein Brief vom Himmel, den der Empfänger nicht zu öffnen und zu lesen wagt.

Hier sind einige aus früheren Leben herrührende Blockaden, die uns davon abhalten können, unsere intuitive göttliche Führung richtig zu nutzen und anzuwenden:

GELÜBDE AUS FRÜHEREN LEBEN:

Kennen Sie das Gefühl, finanziell kein Bein auf die Erde zu bekommen? Sind Ihre Zweierbeziehungen immer problematisch und konfliktgeladen? Armuts- oder Keuschheitsgelübde, die Sie in früheren Leben abgelegt haben, können dafür verantwortlich sein. Wie schon gesagt, spielt es keine Rolle, ob Sie wirklich an die Realität der Reinkarnation glauben. In jedem Fall schadet es nicht – im Gegenteil, es kann enorm helfen –, belastende und einengende Gelübde aufzulösen, ob diese nun real aus einem früheren Leben stammen oder nicht.

Hier sind ein paar sehr wirkungsvolle Affirmationen, mit denen sich die Auswirkungen solcher Gelübde neutralisieren lassen. Ich wende diese Methode mit ausgezeichneten Resultaten bei Klienten an, die unter Blockaden aus früheren Inkarnationen leiden.

Je mehr Überzeugung Sie in diese Affirmationen hineinlegen, desto besser wirken sie! Mit anderen Worten, Sie müssen meinen, was Sie sagen.

Sprechen Sie jede der folgenden Affirmationen zwei Mal, laut oder in Gedanken, mit fester Absicht und Überzeugung:

Hiermit erkläre ich alle Armutsgelübde, die ich jemals in irgendeinem meiner Leben abgelegt habe, für nichtig und bitte darum, dass alle Auswirkungen dieser Gelübde für alle Zeiten aufgehoben werden.

Hiermit erkläre ich alle Märtyrergelübde, die ich jemals in irgendeinem meiner Leben abgelegt habe, für nichtig und bitte darum, dass alle Auswirkungen dieser Gelübde für alle Zeiten aufgehoben werden.

Hiermit erkläre ich alle Keuschheitsgelübde, die ich jemals in irgendeinem meiner Leben abgelegt habe, für nichtig und bitte darum, dass alle Auswirkungen dieser Gelübde für alle Zeiten aufgehoben werden.

(Diese letzte Affirmation sollten Sie natürlich nicht anwenden, wenn Sie bewusst ein zölibatäres Leben führen wollen.)

ANGST VOR MACHT:

Die Angst davor, selbst Macht auszuüben, resultiert häufig aus früheren Leben, in denen wir tatsächlich unsere Macht missbraucht haben. Besonders wenn wir in der alten Zivilisation gelebt haben, die unter dem Namen »Atlantis« bekannt ist, wird die Angst davor, persönliche Macht zu missbrauchen, uns zu schaffen machen.

Atlantis war eine blühende Kultur, die über eine hoch entwickelte Technologie verfügte, die auf der Nutzung von Kristall- und Sonnenenergie basierte. Die Atlanter besaßen ein sehr fortschrittliches Gesundheits- und Verkehrswesen. Viele von ihnen legten jedoch einen unstillbaren Machthunger an den Tag. Die Atlanter nutzten ihre technologischen Kenntnisse, um Waffen zu entwickeln, mit denen sie andere Zivilisationen unterwarfen. Nach und nach dehnten sie so ihren Machtbereich über weite Teile der Erde aus.

Schließlich missbrauchten sie jedoch ihre militärische Technologie, was zur Vernichtung ihres Landes führte. Es versank als Folge einer gewaltigen Explosion, ausgelöst durch Waffen, die dazu dienen sollten, Länder auf der anderen Seite der Erde zu unterwerfen. Bis zum heutigen Tag leiden Seelen, die in Atlantis gelebt haben, unter der Furcht, sie könnten sich selbst und ihnen nahestehende Menschen durch den Missbrauch von Macht auslöschen.

Wir sind machtvolle Wesen, aber wir sind nicht mächtig genug, um ungeschehen zu machen, dass wir als vollkomme - ne Ebenbilder unseres Schöpfers erschaffen wurden. Nichts, was Sie jemals denken, sagen oder tun, könnte die ewige Schönheit Ihres wahren Seins beeinträchtigen.

In manchen jenseitigen Astralebenen gibt es den Glauben, dass Sie, wenn Sie in einem Leben Fehler machen, zum Beispiel Grausamkeit, für diese Fehler »büßen« müssen, indem

Sie mit einem körperlichen oder seelischen Problem reinkarnieren. Wenn Sie auf Grundlage solcher Vorstellungen inkarnieren, wählen Sie damit ein Leben voller Bestrafungen, Schmerzen und Probleme.

Doch Sie können dieses falsche Denken jederzeit hinter sich lassen. Die Engel werden Ihnen helfen, sich von den Folgen falschen Denkens in diesem oder einem anderen Leben zu befreien. Dabei spielt es keine Rolle, ob Sie an Reinkarnation glauben oder nicht.

Wenn Sie mit der nachfolgenden Meditation arbeiten – Sie können sie selbst lesen, sie sich vorlesen lassen oder als Audio-CD anhören –, wird Ihr Körper intensiv auf die Befreiung, das Loslassen reagieren. Vielleicht erzittern Sie, wenn Sie bestimmte Erfahrungen auflösen. Das zeigt Ihnen, dass Sie vermutlich gerade eine wiederkehrende Situation aus einem früheren Leben auflösen. Dadurch, dass mit jeder Wiederholung der Meditation Ihr Zellgedächtnis immer mehr von den Auswirkungen dieses falschen Denkens gereinigt wird, wird Ihr Körper schon bald ruhiger reagieren.

Es wird mehr Wohlstand in Ihr Leben strömen, wenn Sie die Wirkungen von Gelübden auflösen, die Sie in diesem oder anderen Leben geschworen haben. In einem früheren Leben als Mönch mag es angemessen gewesen sein, Armuts- oder Keuschheitsgelübde abzulegen. Wenn wir diese Gelübde nicht auflösen, können sie sich in diesem Leben als Geld- oder Beziehungsprobleme bemerkbar machen. Wenn Sie die Denkfehler auflösen, die zu Sucht- oder Missbrauchsverhalten in diesem Leben führen, lösen Sie damit die körperlichen und psychologischen Wirkungen auf, die Rauchen, Drogenkonsum oder andere Verhaltensweisen bislang auf Sie hatten.

Damit »formatieren« Sie sozusagen die Zeit neu, als hätte dieses missbräuchliche Verhalten niemals stattgefunden, und in dem Paralleluniversum, in dem Sie immer gesund sind und ganz im Jetzt leben, ist das auch so.

Wenn Sie die Auswirkungen falschen Denkens auflösen, wird das Drehbuch Ihres Lebensfilms geändert: vom Drama hin zu Glück und Harmonie. Sagen Sie sich immer wieder, dass Sie dieses Gute verdienen und dass Ihr Glück wichtig für das Wohl aller ist. Leben Sie friedvoll. Damit inspirieren Sie andere und werden zu einem Segen für die ganze Welt.

ZWEITES KAPITEL

KARMA-CLEARING-MEDITATION

SUCHEN Sie sich einen bequemen und ruhigen Platz, an dem Sie ungestört die Augen schließen können. Wenn Sie möchten, legen Sie die beigefügte CD in ein Wiedergabegerät und hören Sie sich die geführte Meditation an. Sie können auch vorher erst den folgenden Text der Meditation lesen oder sich den Text nachher noch zur Vertiefung durchlesen.

Fühlen Sie sich umgeben von liebevollem Licht, Frieden und Glück.

Beginnen wir, indem wir uns langsam entspannen und uns von allem Stress, allen Sorgen lösen. Gemeinsam atmen wir tief ein – und aus. Wir atmen ein – es fühlt sich so gut an, das eigene Leben selbst in die Hand zu nehmen – und aus. Sie werden unendlich geliebt, bedingungslos geliebt – von den Engeln, die hier und jetzt bei Ihnen sind.

Atmen Sie weiter langsam und tief ein und aus. Wir rufen nun weitere Engel herbei, die Ihnen bei diesem heiligen Reinigungsprozess helfen werden. Die Engel erinnern Sie daran, dass Sie ein göttliches, vollkommenes Wesen sind und mit einem göttlichen Auftrag hier auf die Erde gekommen sind. Und die Engel werden Ihnen jederzeit helfen.

Während Sie tief ein- und ausatmen, gelangen Sie zu einem inneren Ort der Ruhe und des Friedens.

Seien Sie nun bereit, die Auswirkungen von Ängsten aufzulösen, die Sie in anderen Dimensionen oder Zeiten absorbiert haben. Bitte erlauben Sie den Engeln, diese Reinigung an Ihnen vorzunehmen. Gestatten Sie ihnen vollen Zugang zu Ihrem Zellgedächtnis, Ihrem Herzzentrum und Emotionalkörper.

Atmen Sie tief durch und bejahen Sie:

– *Ich löse mich jetzt von allen Schmerzen und einengenden Glaubenssätzen aus anderen Leben, die mit Zurückweisung, Betrug, Missbrauch, Inquisition, Verfolgung, Entführung, Demütigung, unerwiderter Liebe,*

Frustration oder jeder Art von Stress verbunden waren. Und mit einem tiefen Atemzug vergebe ich mir, und ich reinige mich von allen Auswirkungen meines Verhaltens, wozu der Missbrauch meines Körpers zählt, einschließlich Rauchen, zu viel Alkohol, übermäßiges Essen oder Drogenkonsum, außerdem Fehler im Umgang mit geliebten Menschen, einschließlich Kindern, in allen meinen Inkarnationen, aggressives Verhalten gegen andere, einschließlich Töten, Vergewaltigen, Betrug oder Verfolgung, Zeiten, wenn ich anderen Hilfe verweigerte, und Zeiten, wenn ich nicht auf meine Intuition oder meinen gesunden Menschenverstand hörte.

– *Ich löse hiermit alle Armutsgelübde auf, die ich mir in anderen Leben auferlegt habe, und ich entferne alle Auswirkungen dieser Gelübde zu allen Zeiten.*

– *Ich löse hiermit alle Keuschheitsgelübde auf, die ich mir in anderen Leben auferlegt habe, und ich entferne alle Auswirkungen dieser Gelübde zu allen Zeiten.*

– *Ich löse hiermit alle Leidensgelübde auf, die ich mir in anderen Leben auferlegt habe, und ich entferne alle Auswirkungen dieser Gelübde zu allen Zeiten.*

– *Ich löse mich von allen Schmerzen und einengenden Glaubenssätzen, die darauf beruhen, dass ich in einem anderen Leben den Tod fand durch Ertrinken, Feuer, Erhängen, Überschwemmung, Erdbeben, Kreuzigung, Sturz, Hunger, Enthauptung, Insektenstiche, Vergiftung, Verbluten, Steinigung, Schusswunden, Explosionen, Stürme, Seuchen, Krankheiten, Kopfverletzung, Krieg, Autounfall, Treibsand, Steinschlag, spontane*

Verbrennung, Ersticken, Zertrampelt- oder Gefressen-werden von Tieren, Durchbohren, Folter, Opfertod, Initiation, Entführung, Vergewaltigung, Raub oder Totschlag oder dass ich den Tod fand im Zusammenhang mit den Pyramiden, Atlantis oder Lemuria.

– *Ich bitte darum, dass alles Karma ausgeglichen wird, zu allen Zeiten, das mit der Seele zu tun hat, die in diesem Leben meine Mutter ist, und mit der Seele, die in diesem Leben mein Vater ist, oder mit den Seelen, die in diesem Leben als Stiefeltern oder Erzieher agierten, dann mit den Seelen, die in diesem Leben meine Partner oder Geliebten sind, den Seelen, die in diesem Leben meine geborenen oder noch ungeborenen Kinder sind, den Seelen, die in diesem Leben meine geborenen oder noch ungeborenen Verwandten sind.*

– *Ich bitte darum, dass alles Karma ausgeglichen wird, zu allen Zeiten, mit den Seelen, die meine Arbeitgeber, Kollegen, Kunden oder Angestellten sind, den Seelen, mit denen ich zur Schule ging, meinen Lehrern, Sporttrainern, Studienkollegen und Freunden aus der Kindheit, mit den Seelen, die in diesem oder anderen Leben die Rolle meiner Verfolger oder Peiniger übernahmen, mit den Seelen, die in diesem Leben meine Haustiere sind oder waren, und mit den Seelen, die in diesem Leben meine Freunde sind.*

– *Und ich bitte darum, dass alles Karma ausgeglichen wird, zu allen Zeiten, mit den Seelen, die mir in diesem Leben erst noch begegnen werden.*

– Ich erkenne an, dass ich in meinem Denken Fehler gemacht habe, in diesem und in anderen Leben, und ich begreife, dass Angst der Grund für diese Fehler war und dass es falsch ist, sich von der Angst leiten zu lassen. Daher löse ich mich von der Angst und bitte darum, dass alle Auswirkungen dieses falschen Denkens von allen Beteiligten in allen meinen Leben vergessen werden.

– Ich befreie mich von allen Fehlern, die ich in früheren Leben gemacht habe, in meiner Kindheit, meiner Jugend, meiner Zeit als junger Erwachsener und in den letzten Jahren, oder die ich in Zukunft machen werde. Ich übernehme die Verantwortung für diese Fehler und bitte die Engel, mir zu helfen, dass ich sie nicht wiederhole. Ich bitte darum, dass aller Schmerz, der durch *diese Fehler erzeugt wurde, in Lernerfahrungen umgewandelt wird, und dass das Karma mit allen Beteiligten jetzt ausgeglichen und harmonisiert wird.*

– *Ich heile und harmonisiere das Karma in meinen Liebesbeziehungen in allen meinen Leben. Ich löse alle Auswirkungen von Fehlern auf, die ich oder andere bezüglich Liebe, Leidenschaft, Lust, Sexualität, Monogamie, Untreue, Zeugung, Empfängnis, Geburt und Ehe gemacht haben.*

– *Ich bin bereit, alles zu vergeben, was ich in meinem Zellgedächtnis, Emotionalkörper oder Verstandeskörper an Verletzungen bezüglich Partnerschaft, unerwiderter Liebe, Betrug, Enttäuschungen, Streitigkeiten, Trennungen in diesem oder anderen Leben gespeichert habe.*

– *Ich bin bereit, alle Schmerzen aufzulösen, die mit Sexualität im Zusammenhang stehen, in dem Wissen, dass mich das befähigt, gesunde Liebesbeziehungen zu erfahren.*

– *Daher löse ich bereitwillig alle Schmerzen und emotionalen Erinnerungen im Zusammenhang mit meiner Sexualität auf, einschließlich emotionalen Missbrauchs, Erpressung, sexueller Belästigung, Inzest, Vergewaltigung, Sadismus, Masochismus, Untreue, sexueller Gewalt jeder Art, Pornografie sowie sexueller Scham, verursacht durch Eltern, Verwandte, Partner, Freunde, die Medien, organisierte Religionen, Lehrer, Ärzte oder andere Autoritätspersonen.*

– *Ich umgebe mich jetzt mit einem liebevollen Regen aus göttlichem Licht und rufe die Fragmente meiner Seele, die an den Orten und bei den Menschen meiner früheren traumatischen Erfahrungen zurückgeblieben sind, zu mir zurück, damit wir uns wieder vereinigen. Ich bitte die Seelenfragmente, jetzt zu mir zurückzukehren, durch den Regen aus göttlichem Licht, in dem sie gereinigt werden von allen karmischen Disharmonien, Schmerzen und Irrtümern.*

– *Ich befreie mich von allen schmerzvollen Gedanken und Gefühlen bezüglich meines Körpers. Ich bin bereit, alles Karma zu harmonisieren und zu stabilisieren, das mit meiner körperlichen Gesundheit verknüpft ist. Ich wandle allen Schmerz in gesunde Lernerfahrungen um und befreie mich von dem Bedürfnis, zu leiden.*

– *Von nun an entwickle ich mich in Freude und Harmonie und glaube nicht länger, dass man leiden muss, um zu wachsen und sich weiterzuentwickeln. Ich befreie mich von dem Bedürfnis, mich selbst zu bestrafen, und bitte die Engel, meinen Geist von Schuldgefühlen zu reinigen, denn Schuld ist das Gegenteil von Liebe und daher ungesund und irreal.*

– *Ich befreie mich von allem Karma bezüglich grausamen oder lieblosen Dingen, die ich selbst oder andere über mich gesagt haben. Ich erkenne an, dass jeder Mensch ein Ego besitzt und dass dieses Ego auf Angst beruht und deshalb von Natur aus lieblos ist.*

– *Daher suche ich von nun an keine Liebe oder Bestätigung mehr bei den Egos anderer Menschen und mache mir bewusst, dass der göttliche Aspekt in jedem Menschen, der mir begegnet, die einzig wahre Quelle für Liebe und Wertschätzung ist.*

– *Ich bitte den Erzengel Michael und seine gnadenreiche Schar, mich mit heilendem blauen und violetten Licht zu umgeben. Ich bitte die Engel, mich in allen meinen Leben von allen auf Angst beruhenden Bindungen zu befreien. Ich bitte darum, dass jetzt alle auf Angst beruhenden ätherischen Bindungen durchtrennt werden, und alle Bindungen, die meine Energie, Lebenskraft oder Begeisterung hemmen.*

– *Ich sehe in mir eine wunderschöne Kugel aus strahlend weißem Licht. Ich sehe und fühle, wie dieser Lichtball wächst und mich wärmt. Ich bejahe, dass dieses Licht mich ganz ausfüllt und von mir ausstrahlt, als ein Strahlenkranz aus heilsamem göttlichen Licht.*

– Ich sende dieses göttliche Licht, Segen und Liebe jetzt zu allen, die mir je begegnet sind, von mir gehört oder gelesen haben. Ich sende Segen und Liebe zu allen, die mir je begegnen werden, von mir hören oder lesen werden.

– Ich sende mir selbst in allen Leben Segen und Liebe und umarme mich wie ein Schutzengel, während ich in diesem Leben zu mir als Kind Liebe sende. Ich versichere mir, dass alles in Ordnung ist und bleiben wird. Ich sende Segen und Liebe und lösche damit alle meine Kindheitsängste aus.

– *Ich sende Segen und Liebe zu mir selbst in anderen Leben und umarme mich wie ein Schutzengel, während ich mir in allen meinen Leben Liebe sende und mir versichere, dass alles in Ordnung ist und bleiben wird.*

– *Mein Bewusstsein ist jetzt klar, mein Körper ist strahlend gesund, mein Herz ist erfüllt von Liebe und Freude. Ich bin frei und glücklich. Ich bin ein machtvolles Lichtwesen, das hierher geschickt wurde, um für andere ein Sonnenstrahl des Glücks zu sein. Ich lasse diese Macht von mir ausstrahlen, in alle Richtungen der Zeit, hier und jetzt.*

DRITTES KAPITEL

RÜCKFÜHRUNG
IN FRÜHERE LEBEN

Ich verstehe gut, wenn Sie Vorbehalte bei diesem Thema haben, denn ich war selbst lange skeptisch gegenüber sogenannten Rückführungen in frühere Leben. Ich dachte früher, die Leute glauben an Reinkarnation, weil sie sich vor dem Tod fürchten. Ich hielt den Glauben an Reinkarnation für einen Schutzmechanismus, mit dem die Leute sich einredeten, sie hätten die Chance auf ein neues Leben.

Das alles änderte sich, als ich selbst eine Rückführung erlebte. Es geschah, als ich es am wenigsten erwartete. Diese Erfahrung war in keiner Weise geplant. Warum auch, wo ich doch gar nicht an Reinkarnation glaubte. In meiner damaligen Lebensphase litt ich sehr unter Jetlag-Symptomen. Ich war ständig auf Reisen, und das belastete mich körperlich und seelisch. Also bat ich eine Freundin, eine talentierte Hypnosetherapeutin, meinen chronischen Jetlag-Beschwerden auf den Grund zu gehen. Sie versetzte mich in eine leichte Trance und forderte mein Unterbewusstsein auf, in eine Phase meines Lebens zurückzureisen, die mit meinem Problem im Zusammenhang stand.

Plötzlich fand ich mich mitten in einem anderen Leben wieder. Das Erlebnis war enorm real. Ich sah mich als Arzt in Russland im 16. Jahrhundert, während der Herrschaft Iwans des Schrecklichen. Ich leitete eine Art Hospital, nicht viel mehr als eine Scheune mit Pritschen für die Kranken. Der Zar entschied, medizinische Hilfe zu verweigern, sodass meine Patienten sterben mussten, nur weil es an Hilfsmitteln und Arzneien fehlte. Während dieser Reinkarnationserinnerung vergoss ich bittere Tränen. Nie zuvor hatte ich so heftig geweint. Ich fühlte, wie Jahrhunderte des Kummers von meiner Seele abfielen, als ich endlich den Schmerz losließ, dass ich damals meine Patienten nicht hatte retten können.

Nach dieser Sitzung wurde mir klar, dass mein Leben in Russland der Grund war, warum ich in diesem Leben als spirituelle Heilerin zurückgekehrt bin. Heute tue ich meine Heilungsarbeit ohne äußere Hilfsmittel, nehme nicht mal Kräuter oder Kristalle. Denn auf der Seelenebene wollte ich nie wieder in die Lage kommen, wegen fehlender Mittel meine Arbeit nicht tun zu können. Seit dieser Regression in ein früheres Leben hatte ich nie wieder Probleme mit Jetlag.

Ich erinnerte mich bei Meditationen noch an drei weitere Leben: Ich sah ein früheres Leben in Frankreich als wohlhabende Ehefrau, die Schriftstellerin werden wollte. Doch mir fehlte das Selbstvertrauen, meine Arbeiten anderen zu zeigen. So blieb mein Wirken auf den kleinen Schreibtisch in meinem Schlafzimmer beschränkt. In einem anderen Leben wurde ich durch die Inquisition verurteilt, weil ich metaphysische Lehren verbreitet hatte.

Ich wurde für Häresie verurteilt und auf dem Scheiterhaufen verbrannt. In meinem jüngsten früheren Leben war ich ein

Farmer im Mittleren Westen, der intensiv mit seinen Tieren kommunizierte. Ich zog mich von den Menschen zurück, weil ich eine so starke Verbundenheit mit den Tieren fühlte. Ich heilte die Tiere mit Energie, die aus meinen Händen strömte. Aus diesen Erinnerungen lernte ich, dass unser gegenwärtiges Leben eine Kulmination unserer früheren Leben ist.

In diesem Leben besteht meine Mission darin, spirituelle Heilungen vorzunehmen und mutig genug zu sein, meine schriftstellerischen Arbeiten zu veröffentlichen und viel Zeit mit Menschen zu verbringen. Ich habe die Ängste überwunden, die mit meinem Leben als scheue französische Ehefrau verbunden waren, und auch die Erfahrung, für meine Überzeugungen hingerichtet worden zu sein.

* * *

Auch Sie können die Mission Ihres jetzigen Lebens entdecken, indem Sie Ihre früheren Leben erforschen. Schließlich haben Sie mithilfe Ihrer Engel dieses Leben arrangiert, um in jenen Bereichen zu wachsen, in denen Sie sich früher von Ängsten einengen ließen. Die Idee der Reinkarnation ist uralt und entstammt östlichen ebenso wie westlichen Traditionen.

Zum Beispiel lehrte der griechische Philosoph und Mathematiker Pythagoras, dass unsere Seele unsterblich ist und nur vorübergehend im Körper wohnt. Pythagoras lehrte, dass die Seele eine Kette von Wiedergeburten durchläuft, um durch Läuterung dem Reinkarnationszyklus zu entkommen. Der griechische Philosoph Platon lehrte ebenfalls, dass die menschliche Seele ewig lebt und sich in vielen Leben reinkarniert.

Die Reinkarnation war fester Bestandteil druidischer, kabbalistischer, östlicher und gnostischer Lehren.

Die christliche Kirche akzeptierte die Reinkarnationslehre bis ins Jahr 433 n. Chr., als das Konzil von Konstantinopel sie zur Häresie erklärte und Verweise auf sie aus den christlichen Texten verbannt wurden, auch aus der Bibel. Trotzdem blieben in der Bibel einige Hinweise auf Reinkarnation erhalten.

So fragt Jesus in Matthäus 16,13 seine Jünger: *Wer sagen die Leute, dass des Menschen Sohn sei?* Die Jünger antworteten: *Etliche sagen, du seiest Johannes der Täufer; die anderen, du seiest Elia; etliche, du seiest Jeremia oder der Propheten einer.* Dieser Dialog stützt die Idee der Reinkarnation, weil ganz eindeutig von der Vorexistenz anderer Menschen die Rede ist. Schließlich lebten Elia und Jeremia Jahrhunderte zuvor, und Johannes der Täufer war kürzlich hingerichtet worden.

In Matthäus 11,13–14, sagt Jesus seinen Jüngern, dass Johannes der Täufer die Reinkarnation von Elia sei in Johannes 9, 2–3, fragen die Jünger Jesus: *Wer hat gesündigt, dieser Mann oder seine Eltern, dass er blind geboren wurde?* Wann also kann diese Sünde stattgefunden haben, wenn er blind geboren wurde?

Die Jünger sprechen hier über vorgeburtliches Karma, denn die Frage zeigt, dass Karma als Folge einer Sünde für sie real ist. Sie fragen sich lediglich, ob der Mann selbst oder seine Eltern gesündigt haben. Ich selbst glaube übrigens nicht, dass Blindheit oder andere Behinderungen eine Strafe für Fehler in früheren Leben sind. Auf meiner CD *Karma Releasing* erläutere ich, wie die Seele vor der Geburt bestimmte Wahlen trifft, zu denen manchmal die Inkarnation in einem schwierigen Leben gehört.

Wissenschaftler und Psychologen haben Tausende Fallstudien von Kindern im Alter von 2 bis 5 gesammelt, die offen über ihre Erinnerungen an frühere Leben sprechen. Viele dieser Kinder haben Geburtsmale oder Phobien, die mit

Traumata aus früheren Leben zusammenhängen. Forschern ist es gelungen, vieles, was diese Kinder erzählen, zu verifizieren, bis hin zu Familien und Adressen, wo diese Kinder in der früheren Inkarnation lebten, oft weit entfernt vom gegenwärtigen Zuhause des Kindes. Als Erwachsene haben wir manchmal spontane Erinnerungen an frühere Leben – Déjàvus, Träume oder Tagträume. Doch auch wenn viele Kinder sich leicht an frühere Leben erinnern, befällt uns eine Amnesie, wenn wir erwachsen werden.

Diese Amnesie lässt uns daran zweifeln, ob Reinkarnation wirklich existiert. Doch ich als Heilerin weiß, dass es gar nicht darauf ankommt, ob Reinkarnation real oder Einbildung ist. Wichtig ist, dass durch Rückführungen in frühere Leben Menschen oft von chronischen, lang dauernden Beschwerden geheilt werden. Viele meiner Klienten und Schüler werden von Ängsten und Phobien geplagt, die sie sich nicht erklären können. Auch habe ich mit vielen Menschen gearbeitet, deren positive Interessen ihren Ursprung in früheren Leben haben. Eine Frau, die zum Beispiel beschließt, Lehrerin zu werden, findet heraus, dass sie auch in mehreren Vorleben Lehrerin war. In solchen Fällen kann die Rückführung Ihnen Wissen zugänglich machen, dass Sie in diesen früheren Leben erworben haben.

Wie schon gesagt, kann Ihnen die Rückführung auch den Weg zu Ihrer göttlichen Mission in diesem Leben weisen. Menschen mit Phobien, die auf traditionelle Therapien nicht ansprechen, können sich manchmal durch eine einzige Rückführungssitzung von ihren Ängsten befreien.

Nehmen wir an, ein Mann leidet unter chronischen Schmerzen in der Seite. Die Ärzte finden keine organische Ursache. Doch die Beschwerden gehen nicht weg. Dann macht er eine Rückführung. Dabei erinnert er sich an ein Leben als Soldat, der genau an der Stelle durchbohrt wird, wo er heute Schmerzen hat. Er weint erlösende Tränen. Als er aus der Rückführung erwacht, sind seine Schmerzen völlig verschwunden. Spielt es in einem solchen Fall eine Rolle, ob dieser Mann wirklich als Soldat lebte und starb? Nein. Was zählt, ist, dass seine Rückführung zu einer Heilung führte.

Zu meinen Klienten gehörte eine Frau, die unter der obsessiven Furcht litt, ihren Mann zu verlieren. Wenn er zur Arbeit ging, fürchtete sie, er würde nicht zurückkehren. Ihr Mann ärgerte sich schließlich so über ihre Ängste, dass er sie zur Beratung zu mir schickte. Er war jeden Abend nach der Arbeit sofort nach Hause gekommen und hatte ihr nie Anlass zur Sorge gegeben. Die Frau selbst war ihre chronischen Sorgen ebenfalls leid und fürchtete, dass sie dabei war, eine sich selbst erfüllende Prophezeiung zu erzeugen. In der Rückführung sah sie sich und ihren Mann Jahrhunderte früher in England leben. Ihr Mann diente als Soldat in der königlichen

Armee. Unter Tränen sah sie ihn in die Schlacht reiten. Er kehrte nie zurück.

Dann gingen wir weiter zu einem anderen Leben, in dem derselbe Mann, diesmal in der Rolle ihres Vaters, bei einer Naturkatastrophe starb, sodass die Familie allein zurückblieb. Während der Rückführung weinte die Frau heftig. Als sie in ihr Wachbewusstsein zurückkehrte, stellte sie erleichtert fest, dass ihre Ängste nachvollziehbar aus Erfahrungen in früheren Leben herrührten. Sie sah, dass ihre jetzige Ehe eine Chance war, diese alten Verlustängste zu heilen.

Viele unserer wichtigen Beziehungen wurzeln in der Vergangenheit. Unsere Eltern, nahen Verwandten, Ehepartner oder sogar Arbeitgeber kennen wir fast immer bereits aus früheren Leben. Als Sie und Ihr Partner sich zum ersten Mal begegneten, beruhte die Verbundenheit, die sie fühlten, ebenso sehr auf Seelenerinnerungen wie auf physischer Anziehung.

Manchmal begegnen wir uns in mehreren Leben einfach, weil wir einander mögen. Doch öfter ist es so, dass wir mit anderen Seelen zusammen inkarnieren, weil wir eine gemeinsame Mission zu erfüllen haben oder etwas unerledigt geblieben ist und geheilt werden muss.

Bei vielen Menschen, die über chronische Beziehungsprobleme mit Eltern oder Geschwistern klagen, liegt die Ursache für die Konflikte in früheren Leben. Wir müssen das Problem in diesem Leben heilen, sonst werden wir in einem künftigen Leben erneut mit diesem Menschen und diesem Problem zu kämpfen haben. Eine wichtige Aufgabe gegenüber einer solchen Person besteht darin, Vergebung zu praktizieren und zu sehen, dass wir und dieser Mensch eins sind, erschaffen von Gott. Die Engel können Ihnen bei dieser Vergebung helfen, wenn Sie sie darum bitten. Wenn Sie sich an Ihre früheren Leben erinnern, ist es wichtig, aus ihnen zu lernen, und dann weiterzugehen.

64

Wenn Sie vermuten oder sicher wissen, dass eine traumatische Erfahrung aus einem früheren Leben Sie daran hindert, in diesem Leben Gebrauch von Ihren intuitiven Fähigkeiten zu machen, können die Engel Ihnen helfen, sich von diesem alten Schmerz zu befreien. Die Engel können Ihnen auch bei der Heilung von Gesundheitsproblemen helfen, die aus früheren Leben herrühren. Ich habe schon mit vielen Klienten und Schülern gearbeitet, die mit angeborenen Behinderungen oder Krankheiten zu kämpfen hatten, welche eindeutig mit der Art ihres Todes in einem früheren Leben zusammenhingen.

Zum Beispiel litt eine Frau namens Susanne, die bei einem Schwertkampf getötet worden war, unter chronischen Schmerzen in ihrer linken Hüfte – genau an der Stelle, wo sie der tödliche Schwerthieb getroffen hatte. Eine andere Frau, die in einem früheren Leben erhängt worden war, litt an chronischen Nackenschmerzen und konnte keine Rollkragenpullover oder Blusen mit engen Kragen tragen. Beiden Klientinnen gelang es, sich vollständig von diesen aus früheren Inkarnationen herrührenden Schmerzen zu befreien, indem sie ihre Engel um Hilfe bei der Heilung baten.

Um eine Heilung durch die Engel zu erfahren, ist es nicht nötig, sich an frühere Leben zu erinnern. Manchmal werden die Engel Ihnen aber die Zusammenhänge zwischen einem gegenwärtigen Problem und nicht geheilten Schmerzen aus einem früheren Leben aufzeigen, wenn Ihnen das wertvolle Erkenntnisse und Einsichten vermitteln kann. Fast immer tritt die Heilung ein, wenn Sie die aus dem früheren Leben aufgestauten Emotionen freisetzen.

So kann es sein, dass die Engel Sie ermutigen, jenen zu vergeben, von denen Sie in einem früheren Leben ermordet wurden. Die Engel können Ihnen aber beispielsweise auch helfen, jahrhundertealtes Entsetzen zu erlösen und zu heilen, das Sie in sich gespeichert hatten, weil Sie Zeuge eines Krieges oder Massakers wurden. Wenn es hilfreich und therapeutisch sinnvoll ist, werden die Engel und Ihr Unterbewusstsein es Ihnen gestatten, sich an Szenen aus früheren Leben zu erinnern. Sie werden Ihnen jedoch niemals Bilder zeigen, denen Sie emotional nicht gewachsen sind.

Meine Klientin Grace erhielt in einem Engel-Reading Informationen, die ihr enthüllten, welchen Zusammenhang ihre heutigen Minderwertigkeitsgefühle mit einem früheren Leben haben. Gleichzeitig verstand sie dadurch, warum die Länder des keltischen Kulturkreises eine solche Faszination auf sie ausüben.

GRACE:

Warum fühle ich mich immer so minderwertig und den Alltagsanforderungen nicht gewachsen?

DOREEN:

Die Engel sagen mir, dass sich da bei Ihnen eine Heilung vollzieht, die aber langsamer vonstatten geht, als es Ihnen lieb ist. Auch wenn Ihnen das momentan nicht so vorkommen mag, machen Sie in Wahrheit echte Fortschritte. Interessanterweise gehört Demut zu Ihren spirituellen Qualitäten und zu Ihrer Bestimmung. Offenbar ist es Teil Ihrer Aufgabe, in diesem Leben die Demut besser kennenzulernen, da es Ihnen in einem früheren Leben sehr daran mangelte.

Ihre Engel zeigen mir ein früheres Leben, in dem Sie die privilegierte Tochter von Eltern der Oberschicht waren und buchstäblich mit einem silbernen Löffel im Mund aufwuchsen. Um ganz offen zu sein, Ihre Engel zeigen mir, dass Sie wirklich arrogant waren und andere sehr herablassend behandelten.

Aber Sie wussten es damals nicht besser und Sie hatten dennoch ein wundervolles Leben, das ganz und gar nicht vergeudet war. Aber Ihr Urteil über andere Menschen war durch den Umstand getrübt, dass Sie selbst nie mit wirklichen Herausforderungen oder Härten konfrontiert waren, die Ihre Überheblichkeit infrage gestellt hätten. Und daher haben Sie als Ausgleich Ihre jetzigen Lebensumstände gewählt, um Demut zu entwickeln.

Das Problem besteht nun darin, dass Sie Demut mit einem Mangel an Selbstwertgefühl gleichsetzen, obwohl das doch zwei verschiedene Dinge sind. Und genau das ist die Lektion, die Sie jetzt im Moment lernen müssen: Wie kann ich Demut auf ausgewogene Weise praktizieren, ohne in Scham oder Schuldgefühle zu verfallen?

Die spirituelle Erkenntnis, um die es auf Ihrem Weg momentan geht, besteht darin, dass wir alle eins sind. Sie müssen sich bewusst machen, dass die Größe Gottes in jedem von uns wohnt, auch in Ihnen. Kein Mensch ist mehr oder weniger wert als die anderen.

Aus jenem früheren Leben tragen Sie immer noch die Neigung zu aristokratischer Überheblichkeit in sich. Dieses Leben spielte sich, wie es aussieht, in einem keltischen Land ab, in Wales oder Irland. Von damals haftet Ihnen noch ein wenig Hochmut an, der Sie immer wieder in eine egoistische Haltung verfallen lässt und Ängste auslöst. Sie fürchten sich fast vor Ihren natürlichen, spontanen Reaktionen auf andere Menschen. Daher geht es darum, zu lernen, bewusst positiver über andere zu denken:

So, wie Sie andere Menschen sehen, sehen Sie auch sich selbst. Wenn Sie lernen, die göttliche Schönheit und Gnade in anderen Menschen wahrzunehmen, werden Sie auch sich selbst in einem positiveren Licht sehen. Die Engel sagen, dass

Sie Ihr Denken besser beobachten sollten. Wenn Sie merken, dass Sie sich selbst oder andere verurteilen, sollten Sie sich vergeben und sich von solchen Gedanken lösen. Kämpfen Sie nicht gegen sie an, dadurch würden die negativen Gedanken nur an Größe und Stärke zunehmen. Registrieren Sie sie einfach und lassen Sie sie dann los. Aber Sie haben es wirklich schon fast geschafft. Für diese großen Fortschritte gebührt Ihnen aufrichtige Anerkennung: Jetzt kommt es noch darauf an, dass Sie lernen, zu einer ausgewogenen Haltung zu finden und das andere Extrem, Selbstverurteilung und übermäßige Selbstkritik, zu vermeiden. Denn beide Extreme, Hochmut und Minderwertigkeitsgefühl, führen immer zu starken seelischen Schmerzen.

GRACE:

Sie haben recht. Ich habe schon eine Menge erreicht und sollte mir selbst ein bisschen mehr Anerkennung schenken.

DOREEN:

Wir alle neigen bisweilen dazu, zu hart zu uns selbst zu sein. Die Engel sind bei uns, um uns bei der Überwindung dieser Neigung zu helfen, da sie uns eher behindert als motiviert.

* * *

Mehrere meiner Klienten haben auf diese Art und Weise verstanden, warum sie immer wieder dazu neigen, sich mit bestimmten Menschen zu streiten. Eine Klientin namens Brigitte erfuhr beispielsweise, dass sie in zwei früheren Leben problematische Beziehungen zu ihrer Mutter gehabt hatte. Diese Beziehungen wirkten sich auf ihr jetziges Leben aus, in dem sie ebenfalls ständig Streit mit ihrer Mutter hatte. Brigittes Engel halfen ihr zu erkennen, dass sie in *diesem* Leben lernen musste, ihre Mutter-Tochter-Beziehung zu heilen, weil sie sonst im *nächsten* Leben wiederum Probleme mit ihrer

Mutter haben würde. Das war für Brigitte Motivation genug, mithilfe ihrer Engel das Verhältnis zu ihrer Mutter ins Reine zu bringen.

VIERTES KAPITEL

WIE DIE ENGEL PROBLEME AUS FRÜHEREN LEBEN HEILEN HELFEN

IHRE feste Absicht, diese Probleme anzugehen, genügt bereits – die Engel sind dann sofort in der Lage zu helfen. Ergänzend zu einer Sitzung bei einem ausgebildeten Reinkarnationstherapeuten können Ihre Engel Ihnen helfen, sich an traumatische Probleme aus früheren Leben zu erinnern und sich von den Auswirkungen zu befreien. Dieses Ziel erreichen Sie entweder im Schlaf oder in der Meditation.

Im Schlaf:

Bitten Sie Ihre Engel abends vor dem Zubettgehen, Sie im Traum zu besuchen und Ihnen für Ihre jetzige Situation bedeutsame frühere Leben zu zeigen. Daraufhin werden Sie Träume haben, in denen Sie Szenen aus anderen Inkarnationen durchleben. Ob Sie sich an diese Träume erinnern können, hängt davon ab, wie gut Ihr Wachbewusstsein darauf vorbereitet ist, mit den dadurch wachgerufenen Gefühlen umzugehen.

Unter therapeutischen Gesichtspunkten ist es unerheblich, ob Sie sich an die Träume erinnern. Es kommt allein darauf an, dass Ihre Engel während dieser nächtlichen Episoden Ihre Erlaubnis haben, in Ihr Bewusstsein einzutreten und die unterdrückten Gefühle zu heilen. Wenn Sie dann aufwachen, sollte es sich anfühlen, als hätten Sie im Schlaf eine Menge emotionale Aufräumarbeit geleistet. Vielleicht fühlen Sie sich sogar ein wenig erschöpft. Aber Sie werden deutlich spüren, dass Sie im Schlaf wichtige Arbeit erledigt haben, von der eine starke Heilwirkung ausgeht.

In der Meditation:

Begeben Sie sich in einen meditativen Zustand und bitten Sie Ihre Engel, Ihnen Visionen aus früheren Leben zu zeigen. Bewahren Sie dann eine konzentrierte, aber offene Geisteshaltung.

Bemühen Sie sich nicht krampfhaft darum, irgendetwas zu sehen. Seien Sie stattdessen passiv, so wie eine Kinoleinwand, auf die von den Engeln Filmszenen projiziert werden.

Möglicherweise wird Ihr Ego versuchen, Sie davon zu überzeugen, dass die Bilder, die Sie vor Ihrem inneren Auge sehen, reine Fantasieprodukte sind. Bitten Sie die Engel, Sie von diesen Ängsten und Sorgen zu befreien, damit der Informationsfluss, der Ihnen übermittelt wird, Sie ungestört erreichen kann.

Bleiben Sie sich stets der Gegenwart Ihrer Engel bewusst, während Sie diese Erinnerungen an frühere Existenzen beobachten oder erneut durchleben. Auch durch diese anderen Leben haben die Engel Sie begleitet. Und jetzt werden sie Sie durch den Erinnerungs- und Heilungsprozess führen.

Zum Beispiel können sie Sie bitten, sich für den »Film« Ihres früheren Lebens einen anderen Schluss auszudenken, gewissermaßen das Drehbuch umzuschreiben. Statt also auf traumatische Weise umgebracht zu werden, können Sie sich vorstellen, friedlich im Schlaf zu sterben. Ihr Unterbewusstsein wird dann die alten Erinnerungen mit den neuen friedlicheren Emotionen »überschreiben«, ganz so, wie im Computer eine Datei überschrieben wird.

Oder Ihre Engel werden Sie dazu auffordern, sich selbst oder anderen Personen Handlungen aus einem früheren Leben zu vergeben. Bitten Sie dabei die Engel unbedingt um Hilfe, da Sie es allein möglicherweise nicht schaffen werden, zu einer vollständigen Vergebung zu gelangen. Die Engel werden dann in Ihr zelluläres und emotionales Gedächtnis eintreten und sämtliche Rückstände negativer Gefühle aus früheren Leben beseitigen.

Hier ist die Mitschrift einer Therapiesitzung mit einem Klienten, dessen Probleme aus einem früheren Leben seine berufliche und finanzielle Situation in diesem Leben beeinträchtigten. Lesen Sie, wie die Engel ihm dabei halfen, sein altes Armutsmuster zu überwinden, und es ihm so ermöglichten, mehr Wohlstand und beruflichen Erfolg zu erfahren.

SAM:

Ich stehe kurz davor, mich mit einer kreativen Tätigkeit selbstständig zu machen. Was meinen die Engel dazu?

DOREEN:

Sie müssen einfach diese Art von Arbeit machen! Die Engel sagen, Ihnen bleibt keine andere Wahl, denn sie entspricht Ihrem wahren Naturell.

SAM:

Oh ja, ich spüre da wirklich eine starke Leidenschaft!

DOREEN:

Nun, die Engel zeigen mir, dass jede Art von künstlerischer Betätigung Ihnen Freude macht und dass darin für Sie ein großes Erfolgspotenzial liegt. Allerdings sagen die Engel auch, dass Ihre Einstellung zum Geldverdienen etwas problematisch ist, weil Sie daran zweifeln, ob Sie ein hohes Einkommen wirklich wert sind. Diese negativen Glaubenssätze bewirken, dass Ihnen momentan viel weniger Geld zufließt, als es andernfalls möglich wäre.

Ihre Engel sagen, dass Sie über großes Talent verfügen. Ihr geringes Einkommen ist also keinesfalls die Folge mangelnder Begabung.

SAM:

Ja, stimmt! Ich frage mich oft, ob ich wirklich mit meinem Talent Geld verdienen kann, ob mir das wirklich zusteht.

DOREEN:

Genau! Sie strahlen eine mentale Energie aus, die das Geld davon abhält, zu Ihnen zu kommen. Die Engel sagen, dass Sie die Erwartung hegen, zu wenig Geld zu haben.

SAM:

Ja, dessen bin ich mir bewusst. Und ich weiß auch, dass es in mir eine Ebene gibt, auf der ich das Gefühl habe, keinen Wohlstand zu verdienen.

DOREEN:

Die Engel bitten uns, jetzt sofort etwas gegen dieses Problem zu unternehmen. Einverstanden? Atmen Sie tief durch und visualisieren Sie einen Lichtstrahl, der durch die Mitte Ihres Kopfes strömt und jede Art von Stress und Sorgen auflöst. Ich bitte Sie nun, mir die folgende Affirmation nachzusprechen:

> Hiermit erkläre ich alle Armutsgelübde, die ich jemals in irgendeinem meiner Leben abgelegt habe, für nichtig. Ich sage mich jetzt von diesen Armutsgelübden los, und sie existieren nicht mehr.

SAM *(spricht mir nach)*:

> Hiermit erkläre ich alle Armutsgelübde, die ich jemals in irgendeinem meiner Leben abgelegt habe,

für nichtig. Ich sage mich jetzt von diesen Armutsge-
lübden los, und sie existieren nicht mehr.

DOREEN:

Sehr gut. In Ihrem Unterbewusstsein gibt es etwas, von dem
Geld anders beurteilt wird, als Ihre Engel es für wünschens-
wert halten. Es ist wirklich wichtig, dass Sie Geld einfach als
segensreiches Hilfsmittel betrachten, das es Ihnen erleichtert,
die schöne Arbeit zu tun, für die Sie geboren wurden. Denn
Sie haben die aufrichtige Absicht, mit Ihrer Arbeit Ihren Mit-
menschen viel Freude zu bereiten.

SAM:

Ja, das möchte ich wirklich!

DOREEN:

Dieser starke Antrieb in Ihnen erklärt sich daraus, dass diese Arbeit wirklich Ihre Bestimmung ist. Ihnen bleibt einfach keine andere Wahl. Eine Wahl haben Sie nur im Hinblick darauf, welche materielle Versorgung Sie erwarten, während Sie Ihre künstlerische Mission erfüllen. Machen Sie sich klar, dass Sie Wohlstand verdienen, der Sie in die Lage versetzt, Ihrerseits reichlich zu geben und sich frei von materiellen Problemen ganz auf Ihre schöpferische Arbeit zu konzentrieren.

SAM:

Ja, das fällt mir schwer, besonders wenn ich daran denke, dass es andere Menschen gibt, denen es finanziell noch viel schlechter geht als mir. Als Kind bekam ich immer zu hören, dass »Armut adelt«. Zwar habe ich schon seit ein paar Jahren vom Verstand her einge-

sehen, dass diese Behauptung nicht wahr ist, jedenfalls für mich nicht, aber es ist dennoch schwierig, sich davon zu lösen.

DOREEN:

In dem früheren Leben, das zu Ihrem jetzigen in unmittelbarer Beziehung steht, lebten Sie in England und waren wie ein Hofnarr gekleidet, allerdings war das wohl nicht Ihr Beruf. Es muss aber etwas Vergleichbares gewesen sein. Vielleicht waren Sie eine Art Varietékünstler?

SAM:

Die Vorstellung, ein fahrender Musiker zu sein und beim Varieté und auf Jahrmärkten aufzutreten, übte immer einen gewissen Reiz auf mich aus.

DOREEN:

Ja, genau das waren Sie! Ein fahrender Musikant und Sänger, und Ihre Lebensphilosophie war es, die Dinge einfach zu nehmen, wie sie kommen. Sie machten in irgendeiner Kleinstadt halt und unterhielten die Leute dort mit Ihrer Kunst. Und dann suchten Sie sich einen netten Farmer, der Sie über Nacht bei sich aufnahm. »Es wird schon gut gehen, irgendwie ist immer für mich gesorgt«, könnte man Ihr Motto beschreiben. So lebten Sie ziemlich unbekümmert in den Tag hinein.

Andererseits bedeutete das aber auch, dass Sie sich letztlich mit den Brotkrumen zufrieden gaben, die bei den anderen vom Tisch fielen. In diesem Leben wird von Ihnen erwartet, dass Sie Ihre Ansprüche ein wenig hochschrauben!

SAM:

Dazu fühle ich mich inzwischen auch bereit. Ist Meditation die Lösung?

DOREEN:

Ich denke, der Schlüssel besteht für Sie darin, sich dieser unterschwelligen Einstellung bewusst zu werden. Ihre Engel fordern Sie auf, energisch Ihren Platz im Leben zu beanspruchen und zum Universum zu sagen: »Hey! Ich bin es wert, volle Unterstützung bei meiner Arbeit zu erhalten.« Wenn Sie eine solche Haltung einnehmen, reagiert das Universum sehr schnell.

SAM:

Das ist ja toll! Ich glaube, dass ich jetzt wirklich bereit bin für den Erfolg. Ich habe keine Lust mehr, meine künstlerische Kreativität in den Dienst großer Firmen zu stellen. Ich bin bereit, jetzt der Stimme meines Herzens zu folgen und Kunstwerke zu erschaffen, die wirklich aus meiner Seele kommen.

Glauben Sie, dass jetzt der richtige Zeitpunkt gekommen ist, um meine Anstellung im kommerziellen Grafikbereich aufzugeben und mich beruflich ganz auf eigene Füße zu stellen?

DOREEN:

Sie sollten Ihre jetzige Stellung erst kündigen, wenn Sie innerlich wirklich bereit für diese andere Tätigkeit sind, bereit, künstlerisch nach den Sternen zu greifen. Mit anderen Worten, wenn Sie selbst die starke innere Gewissheit spüren, dass der richtige Zeitpunkt da ist. Ein solches inneres Wissen ist frei von Zweifeln, Angst oder Wut. Es ist eine friedliche, ruhige Gewissheit, dass »die Zeit reif ist«. Immerhin haben Sie eine Ehefrau, Rechnungen müssen bezahlt werden, und in diesem Leben sind Sie kein fahrender Musikant. Nur wenn Sie allein stehend wären, würde ich sagen: »Okay, packen Sie's jetzt gleich an.«

Sobald Sie innerlich wirklich bereit sind, wird Ihnen der Berufswechsel gelingen. Es ist Ihre eigene Entscheidung. Am Anfang ist es sicher sinnvoll, Ihre alte Tätigkeit auf Teilzeitbasis fortzusetzen, um sich auf diese Weise ein gewisses Einkommen zu sichern.

SAM:

Ich weiß tief drinnen, dass meine künstlerische Arbeit erfolgreich sein wird. Momentan geht es nur darum, die Anfangsnervosität

*zu überwinden. Ich glaube aber, dass es mir nicht allzu schwer-
fallen wird, mehr Selbstvertrauen zu entwickeln.*

DOREEN:

Ja, Ihr Selbstvertrauen wird rasch wachsen, da stimme ich zu.
Ihre Engel und ich empfehlen Ihnen, mit zwei Erzengeln zu
arbeiten, die sehr dazu beitragen können, Ihrer künstlerischen Karriere den Weg zu ebnen.

Dabei handelt es sich erstens um den Erzengel Gabriel. Das
ist der Engel für Menschen in Kommunikationsberufen sowie Künstler, gerade auch für Bühnenkünstler. Gabriel ist ein
weiblicher Erzengel und sie kann Ihnen viele Türen öffnen.
Selbst wenn Sie nicht spüren, dass sie unmittelbar zu Ihnen
spricht, werden Sie ihre Gegenwart in Gestalt künstlerischer
Chancen und Gelegenheiten spüren, die sich plötzlich für Sie
auftun.

Der andere Erzengel heißt Michael. Er steht gerade jetzt in diesem Augenblick zu Ihrer Rechten. Er ist der große schützende Engel, der Ihnen den Mut verleiht, Ihrer Bestimmung zu folgen.

SAM:

Es ist interessant, dass die Frage des persönlichen Mutes zur Sprache kommt, denn ich habe das Gefühl, dass ich Mut zurzeit mehr brauche als alles andere. Ich habe den Eindruck, dass die Energie Gabriels mir dabei helfen kann, anderen meine künstlerischen Ideen zu vermitteln. Aber den Mut zu entwickeln, dass ich an mich selbst glaube und mir sage, es ist okay, mich auf den Weg zu machen und Fehler zu riskieren – darin liegt in diesem Jahr wohl meine Hauptaufgabe.

DOREEN:

Ja, absolut. Seit dem Ende des Jahres 1998 spüren wir alle eine neue Energie, die uns dazu drängt, ein Leben in völliger Integrität zu führen und alles hinter uns zu lassen, was nicht unserem wahren Selbst entspricht. Tun wir das nicht, wird das Leben für uns zunehmend schmerzhafter werden. Daher sollten Sie sich in künstlerischer Hinsicht jetzt wirklich auf den Weg machen. Diese neue Energie, die nun in der Welt wirksam wird, sollte für Sie der letzte Anstoß sein, Altes, Überlebtes aufzugeben und mutig vorwärtszugehen.

SAM:

Ja, das spüre ich sehr deutlich. Mein jüngster Auftrag als angestellter Werbegrafiker, die Gestaltung einer Werbebroschüre, erschien mir viel zäher und mühsamer als alle vorherigen. Diese Mühsal war gewiss ein Signal, dass es Zeit ist, zu neuen Ufern aufzubrechen. Aber es ist keine ängstliche Unruhe, die mich an-treibt, sondern ich spüre eine ruhige , kraftvolle Zuversicht.

* * *

Im folgenden Kapitel stelle ich Ihnen eine geführte Medita-tion vor, die Ihnen erlaubt, unter Führung der Engel selbst den Zugang zu früheren Leben zu finden.

FÜNFTES KAPITEL

RÜCKFÜHRUNG
MIT DEN ENGELN

DER spirituelle Text *Ein Kurs in Wundern* warnt uns, dass wir uns nicht übermäßig auf frühere Leben konzentrieren und uns mit ihnen identifizieren sollen. Der einzige Nutzen dieser Beschäftigung mit früheren Leben besteht darin, uns in unserem jetzigen Leben zu helfen. Im *Kurs* heißt es:

»Wenn frühere Leben verantwortlich sind für einige Schwierigkeiten, denen sich ein Mensch heute gegenübersieht, besteht seine Aufgabe trotzdem nur darin, sie *jetzt* hinter sich zu lassen.«

Wenn er das Fundament für ein zukünftiges Leben legt, kann er dennoch nur jetzt an seiner Erlösung arbeiten. Wenn Sie also durch die Rückführungsmeditation in diesem Buch Zugang zu Ihren früheren Leben erhalten, sollten Sie das Ganze einfach als ein Heilmittel betrachten. Vergeuden Sie keine Zeit mit sentimentalen Gefühlen wegen früherer Leben, wenn Sie sich daran erinnert haben. Und genauso wichtig ist es, sich nicht mit den Menschen zu identifizieren, die Sie in der Vergangenheit waren.

Damit würden Sie sich der Freude an der Gegenwart berauben und Ihr Wachstum und Ihre Aufgaben in diesem Leben vernachlässigen. Unser Fokus bei den Rückführungen besteht darin, Blockaden aufzulösen, die Sie aus früheren Leben mit sich herumschleppen. Alles, was Sie je getan, gesagt oder gedacht haben, ist in einer Bibliothek gespeichert, genannt die Akasha-Chronik oder das Buch des Lebens. Die Engel werden Ihnen helfen, diese Informationen anzuzapfen. Und in den Rückführungen werden Sie auf sichere, angenehme Weise durch diesen Prozess geleitet. Die meisten von uns hatten Hunderte von Inkarnationen. Und Sie werden sich genau an das erinnern, für das Ihr Bewusstsein bereit ist. Das heißt, Sie werden nicht mit Erinnerungen konfrontiert, die Sie nicht bewältigen können.

Sie können die Rückführungen so oft erleben, wie Sie möchten, denn jedes Mal werden Sie wahrscheinlich in eine andere Zeit reisen. Das Ziel der Zeitreisen wird von Ihren Absichten bestimmt und von den Fragen, die Sie vor der Rückführung stellen. Auf jedem Schritt dieses Weges sind Ihre Engel bei Ihnen. In meinem Buch *Heilgeheimnis der Engel* schreiben die Engel dazu:

»Der Abschied von der irdischen Ebene ist eine der frühen Lektionen des Lebens. Ihr macht das so oft, dass ihr euch eigentlich längst daran gewöhnt haben müsstet.«

Die geführte Meditation wird Ihnen helfen, Zugang zu vollständigeren Erinnerungen zu erhalten. Ihr Unterbewusstsein wird nur Erinnerungen zulassen, auf die Sie emotional vorbereitet sind. Die Engel werden Ihnen bei dem gesamten Prozess helfen, während Sie Erinnerungen aus früheren Leben erkunden, die Ihnen in diesem Leben helfen werden.

Die folgende Meditation ist auch auf einer CD als geführte Meditation in deutscher Sprache unter dem Titel »Rückführung mit den Engeln« erschienen. Wenn Sie nicht die CD haben oder lieber ohne CD arbeiten möchten, können Sie sich den Text von einer Person Ihres Vertrauens vorlesen lassen. Wichtig ist, dass diese Person sich streng an den Text hält und nach den Absätzen kleine Pausen macht (ca. 30 Sekunden), damit der Text wirken kann. Sie können den Text auch Absatz für Absatz selbst lesen – nehmen Sie sich dazu Zeit und gönnen Sie sich Pausen.

* * *

Beginnen wir, indem wir es uns sehr bequem machen, an einem ruhigen Ort, wo wir 20 bis 30 Minuten ungestört sind. Denken Sie nun an eine Frage, die Sie gerne beantwortet haben möchten. Zum Bespiel: Was ist meine Bestimmung im Leben? Oder denken Sie an ein Muster in Ihren Beziehungen oder im Beruf oder eine Wesenseigenschaft oder Angst, die sie gerne verstehen, heilen oder auflösen möchten. Wiederholen Sie diesen Gedanken dreimal, entweder laut oder im Stillen.

Bitten Sie nun Ihre Engel, Ihnen bei der Erinnerung an frühere Leben zu helfen, um Antworten auf Ihre Fragen zu erhalten. Rufen Sie Ihre Engel, indem Sie sinngemäß sagen:

Engel, bitte führt meine Erinnerung in andere Leben, damit ich Informationen und Antworten sammeln kann, die mir in diesem Leben helfen. Ich bin bereit, mich jetzt an meine früheren Leben zu erinnern. Ich bitte nun um zusätzliche Engel, die mir auf dieser Reise helfen.

Atmen Sie tief ein. Halten Sie den Atem an. Und nun wieder ausatmen. Einatmen, Atem anhalten und ausatmen, loslassen. Atmen Sie weiter ganz tief ein und aus. Während Sie sich auf den Klang Ihres Atems und auf Ihren Herzschlag einstimmen, fühlen Sie, wie Ihr Körperrhythmus sich verlangsamt. Jetzt. Und entspannen Sie sich. Lassen Sie los. Gönnen Sie sich einen tiefen Zustand der Entspannung.

Lassen Sie alle Sorgen hinter sich, die Sie ablenken könnten. Übergeben Sie alles, was Sie belastet, mental an Ihre Engel. Bitten Sie sie, sich um all Ihre Sorgen und Gedanken zu kümmern. Jetzt. Sie atmen ein und aus und spüren, wie all Ihre Muskeln sich entspannen, locker und schwer werden. Sie werden schläfrig und reisen tiefer und tiefer in einen Zustand wunderbarer Entspannung mit Ihren Engeln.

Sie spüren die Anwesenheit all Ihrer schönen Engel und lassen nun zu, dass alle Muskeln in Ihren Zehen, Ihre Fersen, Fußsohlen, alle Muskeln in Ihren Füßen sich entspannen, lockern und sich wunderbar anfühlen. Während Ihre Muskeln sich entspannen und auf Ihre tiefer werdende Atmung reagieren, fühlen Sie, wie die Muskeln in Ihren Knöcheln sich lockern, wie alle Muskeln in Waden und Unterschenkeln tief, tief in die Erdenschwere hineinsinken. Mit jedem Atemzug geben Sie sich die Erlaubnis, alle Anspannung, allen Stress, alle Sorgen auszuatmen. Und dann atmen Sie Gefühle des Friedens und der Gelassenheit ein.

Gehen Sie mit Ihren Engeln auf eine geistige Reise, für die es sich lohnt, etwas Zeit zu investieren. Lassen Sie die Entspannung zu. Fühlen Sie nun, wie Ihre Knie sich lockern und entspannen. Nun lösen sich all die schönen Muskeln in Ihren Oberschenkeln und sinken in den Boden. Es tut so gut, zu spüren, wie die Muskeln in Ihren Beinen auf Ihren Atem reagieren. Nun lockern sich alle Muskeln in Ihren Beinen und im Lendenbereich.

Ihr unterer Rücken entspannt sich. Ihre inneren Organe entspannen sich. Ihr Bauch entspannt sich. Sie atmen tief und friedvoll. Es tut so gut, Zeit mit Ihren Engeln und Ihrem Unterbewusstsein zu verbringen. Nun lösen sich alle Muskeln in Ihrem mittleren Rücken und in Ihrer Brust. Ihr Brustkorb weitet sich durch die Entspannung. Und Ihr oberer Rücken öffnet sich für diese wunderbare geistige Erholungsreise. Fühlen Sie, wie alle Muskeln in Ihrem Rücken sich lockern und entspannen, in Rücken und Brust. Jeder Muskel in Ihren Schultern wird weich wie Samt, weich und schlaff.

So wunderbar ist es, dass sich nun alle Ihre schönen Muskeln entspannen. So gelangen Ihre Schultern in einen Zustand der Ruhe, des Friedens. Ihr Körper ist friedvoll und ruht sich aus, während Sie tief und ruhig ein- und ausatmen. Fühlen Sie, wie Ihre Oberarme weich und schlaff werden, Ihr rechter Arm und Ihr linker Arm. Lösen Sie die Spannung. Fühlen Sie, wie Ihre Ellbogen sich entspannen und Ihre Unterarme sich entspannen – wunderbar, so schön. Lassen Sie es nun zu, dass Ihre Handgelenke und alle Muskeln in den Händen sich entspannen. Jeder Finger reagiert auf Ihre Entscheidung, loszulassen.

Vielleicht spüren Sie ein Kribbeln in den Händen, den Fingern, während die Energie auf Ihre Anweisungen reagiert, alle Anspannung aufzulösen, in den Daumen und jedem Finger. Ein Finger nach dem anderen entspannt sich. Sehr gut. Genießen Sie das Fließen des Atems. Alles ist gut. Sie sind geborgen und haben alles unter Kontrolle, während Sie sich öffnen und mit den Engeln kommunizieren, um Heilung und Erleuchtung zu erfahren. Schön. Fühlen Sie, wie Ihre Arme und Hände und Ihr Unterkörper sich vollständig entspannen.

Fühlen Sie, wie Ihre Nackenmuskeln sich entspannen und lockern. Lösen Sie sich von allen von außen absorbierten Energien. Lösen Sie sich von allen Denkmustern, die sich in Ihren Muskeln festgesetzt haben und Spannungen verursachen. Alle Anspannung weicht jetzt aus Ihren Muskeln und Sie gelangen in Ihren natürlichen Zustand friedlicher Entspannung.

Fühlen und sehen Sie, wie die Muskeln Ihres Kinns sich entspannen, und alle Kiefermuskeln. Ihr Mund entspannt sich, Ihre Wangen, alle Ihre Gesichtsmuskeln, besonders um die Augen.

Fühlen Sie, wie diese Muskeln um Ihre Augen nachgeben, entsprechend Ihrer Absicht, loszulassen und zu entspannen. Sehr gut. Jetzt entspannen sich alle Muskeln in Ihrer Stirn und auf der Kopfhaut. Die Muskeln um Ihre Ohren entspannen sich, und überall in Gesicht und Kopf, Ihrem Nacken, den Schultern, den Armen, Brustkorb und Oberkörper, entlang der Wirbelsäule, hinunter in den unteren Teil Ihres Körpers und bis in Ihre wunderschönen Füße. Alles ist stark und sicher und entspannt sich. Oh, die Entspannung fühlt sich so gut an. Mmmm. Genießen Sie es.

Die Engel sind bei Ihnen und lächeln liebevoll. Die Engel freuen sich, dass Sie sich selbst Zeit und Entspannung schenken. Die Engel signalisieren Ihnen, dass es Zeit ist, Ihren Geist noch tiefer zu entspannen, damit Sie Zugang zu Informationen aus Ihrem Unterbewusstsein erhalten können. Ihre Engel winken Ihnen zu. Und Sie spüren, wie die Engelenergie eine Luftdruckänderung rings um Ihren Kopf bewirkt. Die Engel lassen Sie wissen, dass diese Energie- und Luftdruckveränderung anzeigt, dass Ihr Unterbewusstsein sich öffnet wie eine Lotusblume.

Nun erhalten Sie Zugang zu der Akasha-Chronik, wo alle Leben Ihrer Seele aufgezeichnet sind, in Ihrem Inneren gespeichert, hier und jetzt. Die Lotusblume, die sich in Ihrem Geist geöffnet hat, wird plötzlich zu einem Tunnel, und der Tunnel dreht sich, wirbelnd und bunt. Die Engel erklären Ihnen, dass es ein Zeit-Tunnel ist, der Sie rückwärts, rückwärts durch die Zeit tragen wird, zu einem Bereich Ihres Lebens, als Sie Erfahrungen machten, die im Zusammenhang mit Ihrer heutigen Frage stehen. Wenn

Sie bereit sind, nimmt Ihr Engel Sie bei der Hand und hilft Ihnen, durch den Tunnel zu fliegen. Dabei fühlen Sie sich sicher und geborgen und freuen sich, dass die Wahrheit in Ihr Wachbewusstsein dringt.

Während Sie durch den Tunnel reisen, sind Sie fasziniert von den wirbelnden Farbmustern um Sie herum und sogar in Ihnen. Sie bemerken ein leuchtendes Rot innerhalb des Tunnels. Beim Einatmen fühlen Sie, wie ein roter Nebel in Ihre Lunge eindringt. Sie atmen diesen roten Nebel ein und spüren, wie erfrischend das ist. So entspannen Sie sich auf Ihrer Reise noch mehr. Es fühlt sich völlig sicher an, diese Reise geschehen zu lassen, ohne die Ereignisse zu kontrollieren oder vorherzusagen, was geschehen wird. Ihr Engel lächelt Sie sehr liebevoll an, und Ihnen wird bewusst, dass er Sie bedingungslos liebt, und zwar ganz so, wie Sie hier und jetzt sind.

Sie fühlen die überwältigende, schützende Liebe Ihres Engels, und Sie beschließen, diese Reise sich ganz so entfalten zu lassen, wie es bestimmt ist, denn Sie wissen, dass alles in perfekter göttlicher Ordnung geschieht.

Durch den Tunnel reisen Sie zu einem Ort, der in einem hellen Orange leuchtet. Sehen und fühlen Sie, wie dieses leuchtende Orange im Tunnel pulsiert. Während die Farbe sich bewegt und verändert, erkennen Sie, dass Sie einen orangefarbenen Nebel einatmen, und Sie fühlen, wie Sie mit dieser Farbe verschmelzen und sich sehr warm und sicher fühlen, während Sie selbst und Ihr Engel von diesem Licht eingehüllt sind. Während die Energie des Tunnels, der eine lebendige, sich bewegende Wesenheit ist, Sie weiter in die Vergangenheit hineinzieht, verändert sich das Orange zu einem hellen Sonnengelb, als würde vor Ihnen die Sonne erstrahlen.

Sie fühlen sich von der Energie dieses hellen Sonnenscheins angezogen, und Sie fühlen, wie seine Wärme Sie einhüllt in einen köstlichen Mantel der Liebe und ein Gefühl, dass perfekt für Sie gesorgt wird. Sie fühlen, dass Sie absolut sicher und geborgen sind. Während Sie diese gelbe Sonnenschein-Energie einatmen, sehen Sie plötzlich eine Kaskade leuchtend grüner Energie, während Sie und Ihr Engel weiter rückwärts durch die Zeit reisen. Die leuchtend grüne Energie umhüllt Ihren Körper, umgibt jede Zelle Ihres Körpers, und Sie spüren, wie Ihr Körper die grüne Energie absorbiert, sodass Sie sich durch und durch erhoben und inspiriert fühlen.

Während die grüne Energie damit fortfährt, Sie zu inspirieren und zu heilen, sehen Sie am anderen Ende des Tunnels einen Himmel, leuchtend blau, und dieses schöne Blau strömt nun durch den Tunnel und leuchtet sogar auf den Flügeln Ihres Engels. Sehen und fühlen Sie dieses wundervolle hellblaue Leuchten ringsum. Und Sie fühlen es ganz besonders in Ihrer Kehle. Es weitet Ihre Kehle. Und dieses blaue Licht ermöglicht es Ihnen, hier und jetzt in Kontakt mit Ihrer göttlichen Lebensbestimmung zu treten. Und je mehr Sie diese hellblaue Energie einatmen, desto mehr erkennen Sie und erinnern sich, warum Sie hier sind. Atmen Sie es ein, und befreien Sie sich von allen Ängsten, die Sie abhalten, sich an Ihre Bestimmung zu erinnern.

Das blaue Licht, das Sie einatmen, versetzt Sie in die Lage, sich an Ihre Bestimmung zu erinnern und sie zu erfüllen. Ja, gut. Sie reisen mit Ihrem Engel, der Sie trägt und beschützt, weiter durch den Tunnel. Sie fühlen sich auf der Reise völlig sicher und geborgen. Nun erkennen Sie, dass Sie von kobaltblauem Licht umgeben sind. Dieses schöne Königsblau ist über Ihnen und umhüllt Sie, und Sie erkennen, dass es einer der schönsten Blautöne ist, den Sie je gesehen und gefühlt haben. Lassen Sie es geschehen, dass dieses Blau Sie weiter durch den Tunnel zieht. Es öffnet und weitet Ihren Geist und bringt Erinnerungen zum Vorschein, die mit Ihrer heutigen Frage im Zusammenhang stehen.

Atmen Sie ruhig ein und aus, während Sie beginnen, den Tunnel zu verlassen. Sie bemerken, dass die Farbe sich verändert hat zu einem schönen dunklen Violett. Dieses herrliche Violett füllt den ganzen Tunnel aus und leuchtet von innen. Dieses leuchtende Violett scheint Ihnen eine himmlische Melodie vorzusingen, und Sie lassen es zu, dass es Ihnen noch mehr Energie gibt, die Ihrem Unterbewusstsein hilft, die Informationen freizusetzen. Sie sind jetzt gut vorbereitet, dieses Wissen zu empfangen.

Wenn Sie das Ende des Tunnels erreichen, schaut Ihr Engel Sie an und sagt zu Ihnen: *Ich bitte dein Unterbe-*

wusstsein, dir nun zu erlauben, in der Zeit zurückzureisen zu einem Augenblick in deiner Seelengeschichte, der in Bezug zu deiner heutigen Frage steht.

Sie befinden sich jetzt in der Vergangenheit und öffnen sich für die Erinnerung, wo Sie waren, wem Sie dort begegneten und was in dieser Vergangenheit geschah.

Während Sie den Tunnel verlassen, erklärt Ihr Engel Ihnen, dass dort vorn hinter einer Tür die Akasha-Aufzeichnungen darüber auf Sie warten, wer Sie in einem anderen Leben waren. Er fragt, ob Sie bereit sind, und wenn Sie bereit sind, öffnet er die Tür, und Sie sehen ein großes strahlendes Licht auf der anderen Seite der Tür. Wenn Sie und Ihr Engel eintreten, befinden Sie sich in der Vergangenheit, und in dieser früheren Zeit schauen Sie hinunter auf Ihre Füße.

Sie sehen, welche Fußbekleidung Sie in diesem anderen Leben tragen. Sie schauen auf Ihre Füße und Ihre Beine und sehen, welche Kleidung Sie tragen und ob Sie ein Mann oder eine Frau sind und wie Ihre Hautfarbe ist. Sehen, spüren oder erkennen Sie nun Ihre Umgebung. Lassen Sie zu, dass Sie sehen, wer bei Ihnen ist. Schauen Sie diesen Menschen in die Augen.

Und schauen Sie, ob Sie eine dieser Seelen wiedererkennen. Was geschieht mit Ihnen in jener Zeit? Wenn Sie sich nun an ein Erlebnis erinnern, das möglicherweise mit Schmerzen verbunden ist, ist Ihr Engel an Ihrer Seite und befreit Sie von allen alten Irrtümern und Fehlern, Schuldgefühlen, Schmerzen, Groll und Wut, sodass nur das bleibt, was real war an diesem Leben – die Liebe und die Lektionen. Der Engel lässt alles andere davonschweben, auch wenn Sie es jetzt noch einmal erleben.

117

Tauchen Sie völlig in dieses frühere Leben ein. Erinnern Sie sich an Ihren Namen. Welches Jahr es war. In welcher Stadt und in welchem Land befinden Sie sich? Wie alt sind Sie? Wie verdienen Sie Ihren Lebensunterhalt?

Wer ist in diesem Leben bei Ihnen? Und jetzt reisen wir in diesem Leben vorwärts durch die Zeit, bis zu den letzten Augenblicken dieses Lebens. Lassen Sie es zu, dass Ihr Unterbewusstsein Ihnen die letzten Augenblicke dieses Lebens offenbart. Sehen Sie, wo Sie sich befinden. Wer ist bei Ihnen?

Wie sterben Sie? Der Engel fragt Sie, ob Sie bereit sind, sich für die Vergebung zu entscheiden, damit Sie frei werden von allen negativen Mustern. Er bittet Sie, allen zu vergeben, die Ihnen Gewalt antaten. Seien Sie bereit, allen zu vergeben, von denen Sie getäuscht wurden. Seien Sie bereit, allen zu vergeben, die Ihnen Kummer bereiteten.

Seien Sie bereit, allen zu vergeben, von denen Sie anscheinend im Stich gelassen wurden. Seien Sie bereit, jenen Seelen zu vergeben, die in Ihrem heutigen Leben erneut bei Ihnen sind. Seien Sie bereit, sich selbst zu vergeben. Wenn es weitere Informationen gibt, die Ihr Unterbewusstsein Ihnen über dieses Leben enthüllen möchte, teilt es Ihnen diese nun mit.

Zu der Erfahrung, die Sie gerade gemacht haben, hat Ihr Engel eine Botschaft für Sie. Hören Sie sich diese Botschaft nun an. Ihr Engel umarmt Sie sanft, hebt Sie hoch und trägt Sie. Er singt Ihnen ein liebliches Wiegenlied. Dann erklärt er Ihnen, dass Sie jetzt noch weiter in der Zeit zurückreisen.

Jetzt trägt er Sie hinweg über eine wunderschöne Szenerie und erklärt Ihnen, dass es nun an der Zeit ist, einen Teil Ihrer Vergangenheit zu erleben, der viele Fragen beantworten wird. Er versichert Ihnen, dass Sie bereit für diese Informationen sind. Wenn er sanft und vorsichtig mit Ihnen landet, erkennen Sie, dass Sie sich nun in einer völlig anderen Zeit, einem anderen Land und einer anderen Epoche befinden. Sie erkennen, dass Sie anders aussehen, aber immer noch Sie selbst sind, aber in einem anderen Körper, einer anderen Person.

Schauen Sie, wer Sie in dieser fernen Zeit sind. Wie sind Sie gekleidet? Und wie sieht die Umgebung aus? Öffnen Sie sich dafür, sich an diese Vergangenheit zu erinnern und sie zu sehen. Jetzt. Es ist ungefährlich für Sie, sich alle Details dieses früheren Lebens anzuschauen. Wer ist in diesem Leben bei Ihnen?

Schauen Sie ihnen in die Augen. Erinnern Sie sich an diese Personen? Was tun diese Leute? Was tun Sie selbst? Wer sind Sie und wie heißen Sie? Wie alt sind Sie?

Welches Jahr haben wir? In welchem Land leben Sie? In welchem Dorf oder welcher Stadt sind Sie zu Hause? Wer sind Ihre Verwandten? Erinnern Sie sich an Ihren Beruf. Welche historischen Ereignisse prägten jene Zeit? Was waren die wichtigsten Lektionen, die Sie in diesem früheren Leben gelernt haben? Was ist Ihre Lebensbestimmung?

Nun reisen wir zum letzten Tag jenes Lebens.

Wir reisen zu den letzten Lebensaugenblicken in jenem Körper. Sehen oder fühlen Sie, was im Augenblick des Todes mit Ihnen geschieht und wer bei Ihnen ist. Gibt es Ängste, Wut oder Groll, die Sie aus jenem Leben in sich tragen? Wenn das der Fall ist, gestatten Sie Ihrem Engel, Sie davon zu befreien. Lassen Sie alles aus dieser Vergangenheit los, das unreal und Teil der Illusion der Angst ist.

Fühlen Sie, während Sie ein- und ausatmen, wie Sie Schmerz ausatmen. Lassen Sie alle Schmerzen gehen und atmen Sie Frieden ein. Atmen Sie Wut aus, die gegen Sie selbst oder andere gerichtet ist. Atmen Sie Mitgefühl ein, im Wissen, dass alle Menschen im Rahmen ihrer Möglichkeiten ihr Bestes geben und dass wir alle Fehler machen. Atmen Sie Angst aus. Lassen Sie die Angst gehen. Atmen Sie vollkommene Sicherheit ein, im Wissen, dass Sie unsterblich sind und dass Ihnen in Wahrheit niemand etwas anhaben kann.

Atmen Sie alle Unsicherheitsgefühle und Zweifel aus und lassen Sie diese Gefühle gehen. Atmen Sie Mut und Kraft ein. Atmen Sie die Angst vor Ihrer eigenen Macht aus und befreien Sie sich davon. Atmen Sie Vergebung gegenüber sich selbst und allen Seelen ein, und zwar für dieses und alle früheren Leben. Atmen Sie Groll aus. Atmen Sie Schuldgefühle aus.

Während Sie ein- und ausatmen, umhüllt Ihr Engel Sie mit einem ätherischen Energiemantel, um alle verbliebenen negativen Muster und Assoziationen zu heilen, von denen Sie frei werden möchten. Geben Sie Ihrem Unterbewusstsein, Ihrem Zellgedächtnis und Ihrem Engel die Erlaubnis, alles gehen zu lassen, was nicht im Einklang mit der Liebe und Ihren Lektionen ist. Sie haben das Gefühl, als falle eine tausend Kilo schwere Last von Ihrer Seele, Ihren Muskeln und Ihrem Geist ab.

Sie fühlen sich immer leichter und freier, während Sie diesen ganzen Ballast loslassen. Sehr gut. Lassen Sie alle früheren Probleme hinter sich, hier und jetzt. Sie fühlen sich leichter und noch freier, während Sie Verbindung zu Ihrem wahren Sein aufnehmen. Eine schöne, verspielte, kreative, weise, machtvolle und furchtlose Seele. Es fühlt sich so gut an, die eigene Wahrheit zu finden und zu leben.

Mit dieser Macht, mit dieser Freude, mit diesem Frieden lassen Sie den Kokon völlig fallen, die Schwere, die Schuldgefühle, die Angst, die Unsicherheit, die selbstzerstörerischen Verhaltensmuster. Sie lösen sich völlig auf. Jetzt. Gut. Sehr gut. Sagen Sie den Problemen aus der Vergangenheit Lebewohl. Behalten Sie nur die Liebe und die gelernten Lektionen. Lassen Sie alles andere zurück. Jetzt. Ihr Engel umarmt Sie innig und liebevoll.

Während er Sie umarmt, beginnen Sie und Ihr Engel zu schweben. Sie beide schweben – und fliegen. Und Sie fühlen, wie Sie langsam zurückkehren in Ihr Wachbewusstsein. Nehmen Sie sich Zeit, alle Informationen, die Sie unterbewusst oder bewusst empfangen haben, vollständig zu verarbeiten – in Ihrem Herzen, Ihrem Körper und Ihrem Geist. Langsam kommen Sie mit Ihrem Engel zurück. Zurück in den gegenwärtigen Augenblick.

Erlauben Sie Ihrem Körper zurückzukehren. Beginnen Sie, indem Sie Ihre Finger und Ihre Zehen bewegen. Wenn Sie möchten, gönnen Sie sich noch etwas Ruhe. In jedem Fall werden Sie, wenn Sie erwachen, sich vollkommen erholt fühlen, vitalisiert, jugendlich und erfüllt von innerem Frieden und Freude. Wir bedanken uns bei unseren Engeln und Führern und allen, die uns geholfen haben.

Wir danken unserem Unterbewusstsein und unserem höheren Selbst, dass sie die Weisheit mit uns geteilt haben, die es uns ermöglicht, hoffnungsvolle Entscheidungen zu treffen.

ÜBER
DOREEN VIRTUE
UND IHRE BÜCHER

DOREEᴨ VIR†UE ist Metaphysikerin der vierten Generation und unter anderen Autorin der Bücher *Die Heilkraft der Engel* und *Die Heilkraft der Feen* sowie der dazugehörigen Orakelkarten, *Erzengel und wie man sie ruft* und *Das Heilgeheimnis der Engel.* Ihre Werke sind in viele Sprachen übersetzt und weltweit erhältlich.

Ihr ganzes Leben lang hellsichtig begabt, arbeitet Doreen mit der Ebene der Engel, Elementarwesen und aufgestiegenen Meister. Sie hat einen Ph.D., M. A. und B. A. in beratender Psychologie und hat jahrelang psychiatrische Abteilungen in verschiedenen Kliniken geleitet.

In den USA ist Doreen gern gesehener Gast bei Oprah, CNN, The View und anderen TV- und Radiosendungen.

Für weitere Informationen über Doreen und die von ihr weltweit geleiteten Seminare oder um ihren kostenlosen E-Mail-Newsletter über Engelsbotschaften zu bestellen, ihr »Schwarzes Brett« abzurufen oder Ihre eigenen Geschichten über Engelheilungen einzureichen, gehen Sie bitte auf ihre Website www.AngelTherapy.com.

* * *

Von Doreen Virtue sind bei Allegria die folgenden Bücher, CDs, Kartendecks und DVDs erschienen:

Medizin der Engel
Erzengel und wie man sie ruft
Botschaft der Engel
Der Tempel der Engel
Engel-Notruf (Buch mit CD)
Feen-Notruf (Buch mit CD)
Chakra Clearing (Buch mit CD)

Engel-Hilfe für jeden Tag
Das Heilgeheimnis der Engel
Die Heilkraft der Engel
Die Zahlen der Engel
Die Heilkraft der Feen
Engel Gespräche
Neue Engel-Gespräche
Die neuen Engel der Erde
Dein Leben im Licht
Zeit-Therapie
Kristall-Therapie
Der Hunger nach Liebe
Himmlische Hilfe (Buch mit CD)
Erzengel Raphael
Erzengel Michael

Medizin der Engel (CD)
Die Engel von Atlantis (CD)

Die Engel der Liebe (CD)
Heilkraft der Engel (CD)
Himmlische Helfer (CD)
Heilgeheimnis der Engel (CD)
Die Botschaft der Erzengel (CD)
Engel der Erde (CD)
Erzengel Michael (CD)
Rückführung mit den Engeln (CD)

Das Engel-Orakel für jeden Tag (Kartendeck)
Das Erzengel-Orakel (Kartendeck)
Das Heil-Orakel der Engel (Kartendeck)
Das Orakel der himmlischen Helfer (Kartendeck)
Das Einhorn-Orakel (Kartendeck)
Das Heil-Orakel der Feen (Kartendeck)
Das magische Orakel der Feen (Kartendeck)
Das Engel Therapie Orakel (Kartendeck)
Das Erzengel Michael Orakel (Kartendeck)

DIE CD
ZU DIESEM BUCH

Die Rückführungs-CD
in diesem Buch
enthält Texte aus den Kapiteln 1 und 2.

Musik: Gene Michael
Sprecherin der deutschen Fassung: Marina Marosch

Aufnahme: Downhill Studio Tom Peschel, München 2010
Regie: Susanne Aernecke, Produktion: afpmunich
Text aus dem Amerikanischen übersetzt von Thomas Görden
© 1999 Doreen Virtue © 2004 Hay House, Inc.

Die Tracks auf der CD:

1. Was ist Karma?   17:12
2. Die Karma-Clearing-Meditation 34:30

Total Time: 41:42

Achtung!

Die beiliegende CD enthält Entspannungs-
und Visualisierungsübungen, die für ein Abspielen
während des Autofahrens oder anderer Tätigkeiten,
die Ihre volle Konzentration verlangen,
ungeeignet sind.

NOTIZEN

NOTIZEN

NOTIZEN

NOTIZEN

Die beliebten Karten-
decks der erfolgreichen
Engel-Autorin

DOREEN VIRTUE
Das Erzengel-Orakel
45 Karten mit Anleitung
€ [D] 19,95 / € [A] 20,60 / sFr 34,80
ISBN 978-3-7934-2028-6

DOREEN VIRTUE
Das Heil-Orakel der Engel
44 Karten mit Anleitung
€ [D] 19,95 / € [A] 20,60 / sFr 34,80
ISBN 978-3-7934-2017-0

Neue Engel-CDs von Doreen Virtue

DOREEN VIRTUE
Himmlische Helfer
1 CD, 70 min
€ [D] 12,95
ISBN 978-3-89903-514-8

DOREEN VIRTUE
Heilgeheimnis der Engel
1 CD, 70 min
€ [D] 12,95
ISBN 978-3-89903-515-3

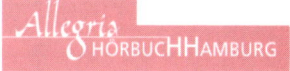

Allegria
HÖRBUCHHAMBURG

Heilmeditationen mit himmlischer Musik

DOREEN VIRTUE
Medizin der Engel
1 CD, 70 min
€ [D] 12,95
ISBN 978-3-89903-510-0

DOREEN VIRTUE
Die Engel von Atlantis
1 CD, 70 min
€ [D] 12,95
ISBN 978-3-89903-511-7